諷詩調詩集 · 451

# 통치통초초 · 7

박진환 제497시집

지성.감성의 메타언어
조선문학사시인선.945

諷詩調詩集·451

# 통치통초초(痛治痛楚抄)·7

조선문학사

■ 책머리에

  1960년부터 시를 써 왔으니 금년으로써 시랍 64년이 된다. 10년이면 강산도 변한다는데 시도 64년이면 강산이 변해도 6번을 넘게 변한 셈이다. 명예가 되는 것도 아니고, 그렇다고 돈이 되는 것도 아닌 시에 64년을 매달렸으면 시를 신앙으로 삼았거나 시의 노예가 되었거나 둘 중의 하나이거나 둘 다가 아니었을까 싶어진다. 달리 말할 수 있다면 시에 미쳤거나 미친 광기로 살아왔다는 시의 삶도 곁들여 볼 수 있지 않을까 싶다.
  시력 64년 첫 시집 『귀로』에서 출발한 시는 시집 『통치통초초(痛治痛楚抄)』로 498권째를 발간함으로써, 이어 추가되는 일반시집 『무위의 언어』와 『무위 읽기』 두 권을 합쳐 도합 500권을 상재함으로써 내 시적 마스터플랜을 완결한 셈이다. 시에 대한 평가는 독자의 몫이니 접어 두고 그간 퍽 부지런을 떨었던 듯싶다. 시집 500권을 옛분들의 말씀을 빌면 '한우충동(汗牛充棟)', 소달구지에 실으면 그 무게에 소가 땀을 흘릴 만하고, 쌓아 올리면 그 높이가 대들보에 닿는다 함이니 썩 많은 시집을 엮어냈음을 두고 한 말일 수도 있게 된다.

시를 양으로 따질 수는 없다. 질이 더 중요한 문학적 가치기준이 되어주기 때문이다. 500권에 수록된 시는 어림잡아 4만여 편이 넘을 것으로 본다. 그중에 몇 편이나 읽을 만한 시가 있을지는 오직 독자의 몫이다.

그간 3행시, 4행시를 비롯, '풍시조(諷詩調)'에 이르기까지 여러 실험이랄까, 새로운 시의 장르에 도전해 왔다. 그중 풍시조는 내가 창발(創發)했다고나 할까. 고 문덕수 시인은 풍시조를 박진환이 시조이자 박진환의 장르라 했고, 성찬경 시인은 '박진환의 발명'이라고 했다. 그리고 홍신선 시인은 '박진환이 창발한 장르'라고 했다.

그런 연유로 풍시조에 충실했던 것은 사실이고, 충실을 통해 수만 편의 풍시조를 쓰고, 써서 시집으로 엮었다. 그 결과 500권의 시집이 탄생하게 됐다. 앞으로 건강이 허락하는 한 더 좋은 시를 쓰기 위해 최선을 다할 것을 다짐한다.

2024년 초추
저자 씀

박진환 제497시집 / 諷詩調詩集 · 451

# 통치통초초 · 7

### 차례

책머리에 / 5

**2024년 9월 29일**
정신적 탕아였다 / 13
주말 인생이어서 / 14
주말이어서 / 15
그리움이어서 / 16
그 증거에의 충실이 되기 때문 / 17
대덕일 듯싶어서 / 18
기다려보고 있는 중이다 / 19
부질없음이라니 / 20
더 살아보라 할밖에 / 21
에덴에서 추방되지 않는다는 걸 / 22
삶을 배울 수 있어서 / 23
생을 일깨워 주어서 / 24
말해주고 있어서 / 25

**2024년 9월 30일**
기후 악당국 / 26

지지율에 나와 있어서 / 27
배 내미는 것도 부창부수일 듯싶어서 / 28
계속 이어지는 중 / 29
거부당할수록 유리 / 30
있을 듯싶어서 / 31
지지자만 모인 성찬이어서 / 32
정부 몫이 아니어서 / 33
용기·전략 있어야 / 34
먹칠만 해서 / 35
작문정치가 그래 / 36
가관(可觀)이어서 / 37
가관은 가관이어서 / 38
답 될까? / 39
↓↓ 불러올 듯싶어서 / 40

**2024년 10월 1일**
더더더 좋을 듯 / 41
패권다툼장이어서 / 42
악행이어서 / 43
국익 챙기고 / 44
종지부를 찍기 위해서 / 45
왕들의 거래라 했던가 / 46
등식 / 47
그 버튼을 쥐고 있어서 / 48

안 그렇던가 / 49
했던 것을 / 50
무기·핵일 듯싶어서 / 51
무(武)에 무지한 자는 몰라서 / 52
매검매우(賣劍買牛) / 53
헛소리가 지(知)를 삼켜버려서 / 54
그런 사람 있어 / 55

**2024년 10월 2일**
뻥뻥 큰소리 / 56
남의 일 아닌 것 같아서 / 57
반응 보이기도 / 58
씁쓸한 표정 했데 / 59
구현 못해 / 60
수치(數値)가 수치(羞恥) 같아서 / 61
어찌 달콤하겠나 / 62
이유데 / 63
가담항어 아닐 듯 / 64
천사냐? 악마냐? / 65
보인다 / 66
장자의 말씀이시다 / 67
인류가 자라고 / 68
건강하겠는가 / 69
막아설 수 있겠는가 / 70

## 2024년 10월 3일

핑퐁 메달 / 71
대통령이 되라 / 72
더 미운 건 뒤에선 훈수꾼들 / 73
민주주의 잃은 격 / 74
다스리려고 해서 / 75
높낮이 이리 달라서야 / 76
어떻게 다른가? / 77
그리 돼 / 78
정(政)자 새겨 볼만 / 79
해서 새겨 볼만 / 80
백성들을 소로 봐서 / 81
대신 말해줘서 / 82
시커먼 석탄뿐일지라도 / 83
'거부권 대 탄핵' / 84
6.25는 난리도 아녀 / 85

## 2024년 10월 4일

정도(正道) 아닌 길 걷기 좋아해서 / 86
잘못된 길같이 해서 / 87
말도 소리 돼서 / 88
받아들여서 / 89
사용법이어서 / 90
땡 잡겠네 / 91

승리의 종소리 될 수도 / 92

명언 아니던가 / 93

선이냐? 악이냐? / 94

지지율 상기시켜서 / 95

의문뿐이어서 / 96

암투여서 / 97

암투(暗鬪) 중이어서 / 98

무기가 필요없다여서 / 99

된 셈 / 100

**2024년 10월 5일**

더럽다・1 / 101

더럽다・2 / 102

더럽다・3 / 103

더럽다・4 / 104

염병이었던 것을 / 105

새겨볼만 / 106

같은 맥락의 뜻 / 107

현대여서 / 108

일치인 것을 / 109

어느 쪽이 진실? / 110

하는 셈 / 111

삶의 동행자이고 / 112

- **시집 평설을 대신해서_諷詩調에 대한 사계의 견해**
  三行詩의 안팎_문덕수 / 113
  知的調律에 의한 시 意味의 密度와 結晶度_성찬경 / 122
  諷詩調의 깃발과 風向_김용직 / 128
  박진환의 3행 '諷詩調'에 대하여_최원규 / 131
  풍시조 읽기_문효치 / 136
  諷詩調에 나타난 형이상시법의 수사법_최규철 / 140

2024년 9월 29일

## 정신적 탕아였다


　　뭐 그랬다는 말이고, 내게 있어 일요일은 죄의 날들이었다
아내 살아있을 적 소원이 주일이면 성경 옆에 끼고 나란히 교회가는
　　것이었다, 나는 이런 아내의 소원을 저버린 정신적 탕아였다

## 주말 인생이어서

또 있다. 아들이 교수직을 버리고 교회 목회자가 되자 이번엔 목사의 아버지로서 교회에 가지 않는 것은 죄라 했다. 아내가 사면받고자 했던 죄를 지금도 저지르고 있다. 주말 인생이어서

## 주말이어서

인간은 근본적으로 신앙과 안내로 이루어지고 있다 했던가
그렇구나, 나도 인간의 근본에 충실한 신앙인이 아닐까
주말마다 내 신앙인 시에 봉사하는 날이 주말이어서

## 그리움이어서

신앙에의 충실엔 성을 다했으나 인지위덕엔 인색했던 듯
인내는 낙원을 여는 열쇠라 했던데, 내 낙원에의 영주권은
인내가 아닌 아내가 주고 간 그리움이어서


※ 인지위덕(忍之爲德) : 참음을 덕으로 삼는다는 말

## 그 증거에의 충실이 되기 때문

인내(忍耐)와 인종(忍從)은 사촌지간 같지만 견원지간이다
인내를 폭력보다 강한 정복이라 했던데, 정복과는 달리
인종은 악이 존재한다는 증거, 그 증거에의 충실이 되기 때문

## 대덕일 듯싶어서

소사(小事)에의 충실함은, 위대하고 영웅적 미덕이라 했데
헌데 자질구레한 일에의 충실이 소덕(小德)에 해당 된다면
옳지 못한 대사(大事)에의 반역은 대덕(大德)일 듯싶어서

## 기다려보고 있는 중이다

덕이 없는 대로 복종하는 자가 많으면 반드시 스스로 망하고 만다
중국 고전인 국어(國語)에 기록돼 있는 경구다, 맞는 말 같아서
기다려보고 있는 중이다

## 부질없음이라니

'3년은 너무 길다' 했던가, 시한성 기다림은 때 되면 기다린 보람
맛보기 마련, 헌데 어쩌랴, 한번 가면 다시 못 오는 불귀(不歸)
그 불귀를 기다림으로 지녀보는 부질없음이라니

## 더 살아보라 할밖에


비막비어생이별(悲莫悲於生離別)이라 했던가, 슬프다 슬프다 해도 생이별보다 더슬픈것은 없다 함이다, 헌데, 생이별 아닌 영이별 사별(死別)도 있어서, 고분지통 몰라서 하는 말이니 더 살아보라 할밖에

※ 고분지통(叩盆之痛) : 아내가 죽은 설움.

## 에덴에서 추방되지 않는다는 걸

삶만이 유일한 재산이라 했던데, 아닌 것이 사별해 보면 안다
가면서 아내가 남겨주고 간 유산이 그리움이란 것을, 그리움이란
유산 덕에 남은 생 에덴에서 추방되지 않는다는 걸

## 삶을 배울 수 있어서

공자왈, 미지생언지사 했던데, 죽음으로써 삶을 배울 수도 있어
삶에 대한 답 될 수 있을 듯도, 아내가 유산으로 주고 간 그리움이
에덴에서 사는 영주권, 정서적 삶을 배울 수 있어서

※ 미지생언지사(未知生焉知死) : 생을 다 알지도 못하면서 어찌 죽음을
말하랴, 논어의 말

## 생을 일깨워 주어서

정서적 삶뿐인가, 죽으면서 주고 간 삶 그리움이 정서적 삶만이 아닌 죽음 속에서 삶을 건져 올린 삶이 될 듯싶은 소이가 삶의 새로운 자각으로 생을 일깨워 주어서

## 말해주고 있어서

길에 나부끼는 현수막에 '대통령 고집불통, 국민건강 깨뜨린다
한쪽에선 옳으신 말씀, 다른 한쪽에선 생사람 잡는 소리 나올 판
정답은 지지율 째려보는 사시 %가 말해주고 있어서

2024년 9월 30일

## 기후 악당국

러시아, 이스라엘은 패권 앞세운 전쟁 악당국가
UN이란 허수아비는 지구촌 도깨비소굴
코리아는? 빠져서야 되나, 기후 악당국

## 지지율에 나와 있어서

김건희, 채상병 특검법, 야 국회통과 시키고 여 대통령에 거부권
행사 권유하고, 거부권 국회로 넘기면 재표결 강행 벼르는 야
손익평가서 나왔네, 국민이 채점한 점수, 지지율에 나와 있어서

## 배 내미는 것도 부창부수일 듯싶어서

여당 내에서도 '김여사 사과 목소리 커져' 했던데, 방탄이미지로 국민여론 의식한 듯, 문제는 잘 길들여진 덕성 부창부수, 부창부수가 미덕 아니던가, 사과 대신 배 내미는 것도 부창부수일 듯싶어서

## 계속 이어지는 중

'뉴라이트 뭔지 잘 몰라'에 단 토 쏟아내는 여론들, '아는 것도 있는갸'에서, '알아야 면장이라도 하지', '알아도 실천하기 어려운데 모르면 말해 뭘해'까지 등등으로 계속 이어지는 중

## 거부당할수록 유리

한동훈 독대 압박에 심기 불편한 대통령실 했데
문제는 '의대 정원' 김 여사 문제 합의 불발 가능성
한동훈으로선 손해 볼 것 없는 거래여서 거부당할수록 유리

## 있을 듯싶어서

　10월부터는 '더위 안녕' 했던데, 11월부터는 '겨울 추위 걱정'도 허면 10월은? 한달간 가을, 단풍 들고, 낙엽지고, 국화 피고, 들고 지고, 피고 하는 동안, 정치권에도 들고, 지고, 피는것 있을 듯싶어서

## 지지자만 모인 성찬이어서

'대통령의 만찬'했기에 대충 아는걸 무슨말을 하려고? 했더니 국민의 의식주는크게흔들리고있는데 대통령실에서는 호화만찬만, 대통령의 만찬은 야당·시민과도 함께여야, 헌데 지지자만 모인 성찬이어서

## 정부 몫이 아니어서

추석 연휴, 응급실 방문 준 이유를, 정부는 국민들의 자제·협조로
봤지만 전문의가 없으니 가나마나여서 방문 자제가 환자 입장
어느 쪽이 진실이냐는 환자의 몫이지, 정부 몫이 아니어서

## 용기 · 전략 있어야

한동훈 국민의힘 대표, 대통령 독대 압박 두고 하는 말 중, '전략도 용기도 없는 한동훈 식 차별화 정차'라고 꼬집었는데, 꼬집힐만한 것이 차별화란 기존 권력을 밟고 넘어갈 수 있는 용기 · 전략 있어야

## 먹칠만 해서


대통령은 문제 제기될 때마다 '뉴라이트 나는 뭔지 잘 몰라'에
'뉴라이트 현상; 거대한 퇴행과 그 위험' 지적했던데, 그럴 것이
퇴행할수록 뉴라이트란 게 광복의 의미에 먹칠만 해서

## 작문정치가 그래

'2년째 길도, 존재감도 잃은 국교위'라며 '전면 쇄신하라'
외침은 크데마는 국교위의 '중장기국가교육발전계획 중요방향' 보면
흡사 '배달음식차려놓고 잔칫상이라고 홍보하는격', 작문정치가 그래

## 가관(可觀)이어서

'국내 민족 독립운동기념관'이란 가칭 '새독립관' 건설에 정부 예비 타당성 조사도 없이 건설비 예산에 반영했다데, 명칭도 제대로 확정되지 않은 가칭 독립기념관에 예산이라니 가관이어서

## 가관은 가관이어서


가관(可觀)이란 게, 관례를 행하여 관을 쓴 가관(加冠)도, 임시로 임명하는 관원 가관(假官)도, 이에 장단가락 맞춰 부는 필률(觱篥) 가관(笳管)도 있어서, 가관은 가관이어서

## 답 될까?

　국제원자력기구(IAEA) 사무총장, 라파엘 그로시가 '국제사회가 북핵 보유 현실을 인정, 북핵 위험을 관리할 외교에 나서야' 언급 핵보유국이란 북과 핵 대화에 주목할 필요에 우리도 핵이면 답 될까?

↓↓ 불러올 듯싶어서

명품백 몽갠 검찰, 김건희 여사 주가조작, 방조혐의자 유죄 등에 골머리깨나아픈모양이던데, 건마다 불기소일관하면, 국민들이바본가 믿고 따르게, 역효과 대통령 지지율만 ↓↓ 불러올 듯싶어서

2024년 10월 1일

## 더더더 좋을 듯

국군의날, 막강 군사력 과시도 좋고, 신무기자랑도 좋고 둘다 좋지만
전쟁준비도 좋고, 전쟁방어 수단도 좋고 둘 다 좋고 좋지만, 그보다
더 좋은 건 귀마방우나 매검매우가 더더더 좋을 듯


※ 귀마방우(歸馬放牛) : 손와 말을 놓아주고 부리지 않는다 함이니 전쟁이
끝나고 평화로운 시절이 된 것을 이르는 상서(尙書)의 말
※ 매검매우(賣劍買牛) : 칼을 팔아 소를 산다 함이니 도둑의 무리가 없어져
모두가 평화롭게 농사를 짓게 되었음을 이르는 말로 평화를 의미하는
한서(漢書)의 말

## 패권다툼장이어서

목하 지구촌은 러·아프간, 이·하마스의 전쟁으로 발전(發戰)지대
발전이 번영을뜻하는 발전(發展)이면 그아니좋으랴만 열강을 소유한
나라들이 있는 한 전쟁을 불가피한 열강들의 패권다툼장이어서

## 악행이어서


패권다툼뿐인가, 약하고 의지할 곳 없는 약한 나라들을 끌어들여
앞장세우거나, 방패삼거나, 악용하는, 전쟁이란 것은 가장 비천하고
죄가 많은 무리들의 권력과 명예를 서로 빼앗는 악행이어서

## 국익 챙기고

싸움이 끝나고 이윽고 평화가 왔다, 헌데 국민은 뭘 얻었는가?
세금·과부·의족, 그리고 빚더미, 실로 명언 아니던가, 그래도
열강들은 전쟁으로 무기 팔아 돈 벌고 패권 행사로 국익 챙기고

## 종지부를 찍기 위해서

J. F. 케네디의 말이 떠오른다, 인류는 전쟁에 종지부를 찍지 않으면
안 된다, 그러지 않으면 전쟁이 인류에게 종지부를 찍을 것이다
헌데 전쟁은 진행형이다, 인류에게 종지부를 찍기 위해서

## 왕들의 거래라 했던가

전쟁은 그 수행에 있어서 악한 사람보다 언제나 선량한 사람들만
학살한다 했던가, 해서 전쟁의 본질을 포학이라 했던가, 이로 치면
전쟁이란 선한 사람을 희생시키는 왕들의 거래일 수 있어서

## 등식


왕의 현대적 호칭으론 대통령, 허면 대통령들의 거래가
전쟁이란 풀이, 이치로 치면 전쟁은 모든 악의 어머니
이치 바꾸면 대통령은 악의 포태자, 악의 분만자란 이치 아닌 등식

## 그 버튼을 쥐고 있어서

이치나 등식에도 변화가 있기 마련, 왕이 현대판 대통령
이를 전쟁은 인류를 괴롭히는 최대의 질병이란 등식에 대입하면
대통령은 결핵 아닌 핵 보균자, 그 버튼을 쥐고 있어서

## 안 그렇던가

 인간이 수행할 수 있는 가장 큰 도덕은 전쟁을 거부하는 용기
헌데 도덕도 용기도 귀양간 지 오래, 도덕 악덕으로 바뀌고 용기
핵으로 무장 돼서, 지구촌이 핵지대 못 면한 소이가 안 그렇던가

## 했던 것을

세계가 너도나도 제마다 살상무기 자랑, 핵이 그러하고
미사일이 그러하고, 탱크가 그러하고, 검을 가지는 자 검으로
망한다 한 성구(聖句), 해서 옛분들 수무촌철 했던 것을


※ 수무촌철(手無寸鐵) : 손에 아무런 무기도 가지지 않음.

## 무기·핵일 듯싶어서

성구나 옛분들 말씀에 어디 그른 말 있던가, 옛은 그러하되 현대는 세계가 무기 전시장, 열강들 핵 진열장, 무기는 무기로 핵은 핵으로 망할 수 있다는 경전(經典)이 무기·핵일 듯싶어서

## 무(武)에 무지한 자는 몰라서

이런 역설도 새겨볼만, 무기를 그치[止]는 것이 무(武)라는 pun 무(武)라는것도 전쟁을없이 하기위한 것이란 역설, 전쟁을 위해 만든 무기가 전쟁을 없이한다, 이런 지혜 무(武)에 무지한 자는 몰라서

## 매검매우(賣劍買牛)

무기를 악의 증거라 했던가, 정답이다, 무기는 전쟁을 없이하는 무(武)다, 정답이다, 이것도 저것도 정답이면 진짜 정답은? 앞에서 말 안 했던가, 칼 팔아 소를 산다는 한서(漢書)의 말 매검매우

## 헛소리가 지(知)를 삼켜버려서

옛분들 말씀, 말씀 중의 말씀일수록 잠언아니던가, 격언은 한 사람의
인간의 기지이며 모든 사람은 지(知)라 했던가, 헌데 어쩐다
말씀은 없고 말도 못 되는 소리 중의 헛소리가 지를 삼켜버려서

## 그런 사람 있어


감정지와(坎井之蛙), 우물안 개구리란 뜻으로 견문이 일천한 자를 일컫는 말이다. 모르면서 안다고 떠들고 잘못해 놓고 자랑 삼으면 이를 두고 말씀도 말도 못 되는 헛소리라 한다. 그런 사람 있어

2024년 10월 2일

## 뻥뻥 큰소리

이스라일, 레바논 국경 넘어 헤즈볼라 상대로 지상전 두고 바이든의 휴전 제안 무시라며 '미 국제적 역할 한계 드러내' 했데, 이 총리 네타냐후는 '이란 국민 더 빨리 자유로워질 것'이라며 뻥뻥 큰소리

## 남의 일 아닌 것 같아서

윤 대통령, 국군의날 맞아 "북한 정권은 퇴행과 몰락의 길을
고집하고 있다" 한 말, 상기시키는 것 있는데, '퇴행과 몰락
남의 일 아닌 것 같아서

## 반응 보이기도

국민의힘 한동훈 대표 빼고 원내 지도부 초청 만찬 두고 당내에서도 '좋아 보이지 않아' 했던데, '좋아 보이라고 초청 만찬 갖나, 밥값 할 이유 있어서지'라며 국민들은 한술 더 떠 반응 보이기도

## 씁쓸한 표정 했데

핵무기에 맞먹는 '현무-5' 등 내세워 힘 과시한 국군의날 두고
야당은 '대통령 자기과시에 동원된 장병들 모습 안타까워'
시민들은 '구시대적 행사'라며 씁쓸한 표정 했데

## 구현 못해

'사람은 신이다' 했던데, 새겨볼만, '물신시대(物神時代)'
끝내고 '인신시대(人神時代)로 전환해야 사람 사는 세상 돼
물신이 인신을 지배해버린 물신시대론 인간시대 구현 못해

## 수치(數值)가 수치(羞恥) 같아서

지난달 26일 국회교육위원회에서 발표된 아동·청소년 자살통계 충격적
지난 2023년 자살 초등생이 15명, 중학생 93명, 고교생 106명이라데
OECD국 중 자살률 1위다운 수치, 수치(數值)가 수치(羞恥) 같아서

## 어찌 달콤하겠나

연속 2년 열병식 연 '국군의 날 행사 두고 '대통령 자기과시'
'동원된 장병들 모습 안타까워', '구시대적 행사'라며 반응 씁쓸
표정도 씁쓸, 맛도 씁쓸이 말해주는 행사가 어찌 달콤하겠나

## 이유데

대통령실 '고발사주, '전당대회 개입' 의혹 두고 '민주주의와
언론 자유의 근간을 뒤흔드는 중대 사안'이라며 부글부글
결론인즉 '김건희 특검이 필요한 이유'데

## 가담항어 아닐 듯

'감추면 감출수록 커지는것이 소문'이란 로마의시인 베르길리우스의
말 새겨볼만, 요즘 궁금증으로 퍼지는 정가 소문과 맥락
같이해서, '김건희여사'니, '김대남 고발사주'가 가담항어 아닐 듯


※ 가담항어(街談巷語) : 길거리나 항간에 떠도는 소문

## 천사냐? 악마냐?

'남의 말에 대해서 지껄이는 것만큼 통쾌한 것은 없다' 했던가
이 답답하고, 우울하고, 신명 안 나고, 미운 놈뿐인 세상에
통쾌함을 제공하는 소문의 주인공은 천사냐? 악마냐?

## 보인다

사서의 하나인 중용(中庸)에 '감추는 것치고 나타나지 않는 것은 없다'란 말이 있다. '불 안 땐 굴뚝에 연기 나랴'는 속전도 있다 '감추면 나타난다', 잘 감춰라, 꼭꼭 숨어라 머리카락 보인다

## 장자의 말씀이시다


남의평판을 말살하려는 암살자들이 즐겨사용하는무기가 소문이라데 암살·무기·소문, 삼위일체엔 손색이없다마는 소문이란 것이 '여인에게서사기쉽다'했던가, 여인이여시도돼서, 장자(莊子)의말씀이시다

## 인류가 자라고

'벼도 주인의 발소리를듣고 자란다' 했데, 크게보면 하늘의 발소리를 듣고 지구가 자라고, 나라님 발소리를 듣고 백성이 자라고, 집안뜰의 꽃도 주인의 발소리를 듣고 피고, 발소리 정도행이면 인류가 자라고

## 건강하겠는가

'지금이 청소년 정신건강 개혁의 골든타임' 했던데, 글쎄요? 청소년들이란 게 가정 건강과 건강 문제가 직결돼 있어서, 가정이 부실한데 가족이 건강하겠으며, 가족이 부실한데 어찌 청소년인들 건강하겠는가

## 막아설 수 있겠는가

정신건강, 정신의 바탕이 윤리나 도덕인데, 시대는 물신시대 물질이 정신 바탕을 깔고 앉았으니 도덕·윤리가 어찌 일어설 수 있겠으며 일어선단들 물신에 끌려가는 정신 막아설 수 있겠는가

2024년 10월 3일

## 핑퐁 메달

지구촌의 한 탁구장 한반도, 남북 공치고 받고, 남·여 치고 받고
대통령실·야 치고 받고, 여·여 치고 받고, 핑퐁 핑퐁, 종료가 없는
　　게임, 올림픽이면 금메달이라도, 등외품도 못 되는 핑퐁 메달

## 대통령이 되라

김건희 특검법 등 24번째 거부권 행사한 윤 대통령 했던데 특허권 사용하는데 무슨 말들이 그리 많아, 유행가 가사에 '억울하면 출세하라' 했던데, 유행가 가사만도 못한 '억울하면 대통령이 되라'

## 더 미운 건 뒤에선 훈수꾼들

중동도 국제 탁구장, 이스라엘 미사일 핑 하고 날리면 헤즈볼라 퐁으로 받아치고, 이란 미사일 핑 하고 날리면 이스라엘 퐁 하고 받아치고, 미사일 탁구 게임, 더 미운 건 뒤에선 훈수꾼들

## 민주주의 잃은 격

명품백 등 모든 의혹에 무혐의 결론 내린 검찰 두고 시민들 '검찰 신뢰 잃었다' 했던데, 말인즉 검찰공화국 신뢰상실이면 윤정부 '신뢰 잃었다' 돼서, 거꾸로면 국민들 더 큰 '민주주의 잃은 격'

## 다스리려고 해서

검찰 불기소, 대통령 거부권 등 민심 잃을 일 되풀이로 여당 난감에
특검법 등 찬성여론 높아져 야당은 신명, 정치란 국민이 선택
국민의 뜻 따라야, 헌데 시행령·거부권 행사로만 다스리려고 해서

## 높낮이 이리 달라서야

윤대통령·원내지도부 만찬 '우리는 하나다'로 박수·박수, 헌데
국민들 눈엔 '우리는 둘·둘·둘'로 보여서, 이리 시각 서로 다르니
국민의 눈높이가 높냐? 정부·여당이 더높냐? 높낮이 이리 달라서야

## 어떻게 다른가?

윤정부 전매특허품의 하나인 '통치권'을 '통치권 사유화'라 했데
사유(私有)가 공유(公有)의 반대인 개인의 소유 아니던가
국가의 절대적인최고지배권을 사유화면 독재란 뜻관 어떻게 다른가?

## 그리 돼

문제는 '사유화'보다 '통치권 사유화 도를 넘었다', 도(度)가 '어떤 정도' 아니던가, 정도를 넘었다면 '도가 지나쳤다', 지나쳤다면 독선, 독재적이었다와 동의어, 정도(正道) 벗어나면 그리 돼

## 정(政)자 새겨 볼만

정도(正道)면 바른길 아니던가, 들어서서는 안 될 길, 잘못 들어선 길이 아닌, 헛발질이 아닌, 하물며 다스림이 정도를 넘어섰다면 정도(政道)인들 제대로였겠나, 정(政)자 새겨 볼만

## 해서 새겨 볼만

정(政)자란 게 바를 정(正)에 칠 복(攵)자를 곁들인 글자 정(正)이 옳은 길, 바른길이니, 올바르지 못한 사도(邪道)행은 칠 복(攵), 즉 매로 때려 바른길로 가게 함 아니던가, 해서 새겨 볼만

## 백성들을 소로 봐서

소도 길을 잘못 들어서면 고삐줄 당기며 '어디여, 어디여'로 길잡이하듯 정치도 잘못 들어서면 매 들어 채찍질 하며 바른길로 몰지, 그 채찍 백성들 손에 들려 있는데, 되레 정치가들이 백성을 소로 봐서

## 대신 말해줘서

'공정과 상식' 언젠가 들어본 말, 윤대통령의 대선 캐치프레이가 '공정과상식' 아니었던가, 백성들귀를 쫑긋세운캐치프레이가, 어쩐다 지금은 조롱거리로 전락한 지 오래, 지지율이 이를 대신 말해줘서

## 시커먼 석탄뿐일지라도

도이치모터스 의혹, 코바나콘텐츠 의혹, 명품가방의혹, 인사개입의혹
채병병 의혹, 세관 마약구명 로비 의혹, 총선개입 의혹, 또 없나
두고 보세, 파고 들어갈수록 노다지 아닌, 시커먼 석탄뿐일지라도

## '거부권 대 탄핵'

'거부권 대 탄핵', 되풀이되는 이런 정치 작태에 신물 안 넘어오는 사람도 있을까? 비위난정, 역겹고 비위 뒤틀려 울컥대는 토악질 비위난정도 아랑곳없이 되풀이되는 '거부권 대 탄핵'

## 6.25는 난리도 아녀

공공의료기관 필수정원 3563명이나 미달이라데
의사는 미달이고, 미달할수록 환자는 늘어나고, 늘어날수록
<u>으흐흐 으흐흐</u>, 앰뷸런스는 귀곡성만 쳐 울리고, 6.25는 난리도 아녀

2024년 10월 4일

## 정도(正道) 아닌 길 걷기 좋아해서

'길 잃은 한동훈' 했던데, 길 잃고 헤매는 분들이 하 많아서, 왜 길을 잃었을까? 길 두고 딴 길 택한 헛발질 때문일 듯, 정치 행보란 게 추월하기, 샛길찾기, 가로지르기 등 정도 아닌 길 걷기 좋아해서

## 잘못된 길같이 해서

한동훈이 선택한 길, 선택해 걷는 길이 바른길인 것만은 사실인데
따르는 이 적고, 바른길 걷기 싫어하는 이들에게 차별화 길 같아서
차별화가 바른길인데, 바른길에 대한 대우는 잘못된 길같이 해서

## 말도 소리 돼서

'잘 먹어야 전투력이 생긴다, 나라님말씀 옳으신 말씀인데, 급식단가 동결, 간식비 축소 등 내년 병사 '먹을거리 예산'은 삭감, 말과 실제 다르면 좋지 않을 터, 좋지 않으면 말씀도 말도 되고 말도 소리 돼서

## 받아들여서

김건희 여사 '주가조작 의혹도 불기소 유력 했던데, 공범 이종호와의 40차례 연락, 전주 방조죄 유죄 드러났는데도 불기소면 국민들은 기쇼(起訴)를 기쇼(欺笑)나 기쇼(譏笑)로 받아들여서

## 사용법이어서

검찰 권고 불복, 심의도 불공정, 수심위 무용론 제기되던데
수심위·검찰 정반대 결론 두고, 관련자들 결론이란 게, 저리
일방적이어서야, 검찰공화국 전매특허품이 이중잣대 사용법이어서

## 땡 잡겠네


바이든 행정부 무기제공, 가자지구 학살 방임에 분노한 아랍계
해리스에 등 돌려 트럼프 지지도 올린 계기 돼, 이치로 치면
이스라엘이 미 대선에도 영향 미친다는 방증, 트럼프만 땡 잡겠네

## 승리의 종소리 될 수도

땡이란게 뜻밖에 좋은수가 나는 일, 유식하겐 무망지복이라고나 할까
암살시도 총성 탕이 땡 되고, 미 아랍계 반 해리스 지지로 땡 잡고
우리식으론 광 두 장 겹치기니 땡땡, 승리의 종소리 될 수도

※ 무망지복(毋望之福) : 바라지 아니한 행운

## 명언 아니던가

정치인은 전쟁을시작하고, 부자는 무기를대고, 가난한사람은 자식을 제공하는 것이 전쟁, 종전이 되면 정치인은 미소를 짓고, 부자들은 생필품가를 인상, 빈자들은 자식의 무덤을 찾아간다, 명언 아니던가

## 선이냐? 악이냐?

국군의날 행사를 두고 '공산전체주의 국가에서나 볼법한 군시가행진'
했데, 신형무기로 과시한 힘이 평화에 반한다는 뜻, 코리아산 무기
확산탄과 대인지뢰 등 비인도적 무기, 평화 위한 선이냐? 악이냐?

## 지지율 상기시켜서

'피크 용산, 대통령 가을'이란 기사, 상상력에 기여한 시적이데
가을이면 단풍 들고, 단풍 들면 뚝뚝 떨어지는 낙엽 길에 밟히고
밟힌 낙엽이 떨어지며 낙법 연습 중인 지지율 상기시켜서

## 의문뿐이어서


'총리의 존재이유' 했던데, 글쎄요? 존재이유가 있을까요?
무얼 위해 존재할까요? 존재이유 있단들 이유에 값하는가요?
어떤 값어치를 지닐까요? 찍히느니 ????? 답 아닌 의문뿐이어서

## 암투여서

'점입가경 윤·한 갈등' 했던데, 점점 재미있는 경지로 들어서고 있다함 아니던가? 허긴 정치에서 암투란 볼거리 빼면 정치란 허수아비, 허수아비 면해 심장에 피가 돌고자 한 것이 암투여서

## 암투(暗鬪) 중이어서

암투란 게 정치싸움만 암투(暗鬪)가 아니지, 암(癌)과 싸우는 것도
암투지, 정치가 암에 걸렸음이니 투약·수술 병행해야
코리아의 현 정치상황이 암투(暗鬪) 아닌 암투(癌鬪) 중이어서

## 무기가 필요없다여서


　　남북 쌍방, 힘에 의한 통일이 주제, 주제대로라면 힘 길러야 힘이 곧 무기, 무기가 곧 핵, 허면 핵으로 맞서보자 아니던가, 헌데 국민들은 35%가 통일 필요없다라니 힘의 주체 무기가 필요없다여서

### 된 셈

허면 무기란 게 통일의 주체가 아니라 되레 통일을 거부하는
주체가 될 수도, 역으로 풀면 통일 구실로 앞세운 무기가
국가통일이 아닌 정권유지를 위한 반통일적 주체가 된 셈

2024년 10월 5일

## 더럽다 · 1

　　세상이 병들었으니 어찌 성하게만 살겠는가, 물신시대엔
물신인답게 살아야 하듯이 병든 세상엔 홀로 성할 수만은 없는 법
　　시대의 아픔도 더럽지만, 소환인 가을 알레르기 비염도 더럽다

# 더럽다 · 2

새벽을 에치에치 재채기로 시작해 주르륵주르륵 흐르는 콧물을
닦아대다 보면 어느덧 창이 밝아진다. H 에이치가 hope이거나
happy면 좋으련만 머릿글자 H로 하루를 열다니 더 더럽다

## 더럽다 · 3

더러운 것이 어찌 H뿐이랴, 병든 세상과 함께 밀월 하는
병든 정치, 병든 양심, 병든 도덕, 병든 정신과 함께 병자
못 면하고 살거니 갑·을·병·정, 정은 면했다만 더더 더럽다

# 더럽다 · 4

   독거의 삶이니 부모님의 병인 친환(親患), 아내의 병 내환(內患) 가정에 앓는이가 있는 가환(家患)은 면하고 산다마는 스스로가 앓는 소환(所患)은 못 면하고 설거니 병든 시대에 충실함 아닐지, 더럽다

## 염병이었던 것을

열병·기근·전쟁을 인류의 세 가지 큰 적이라고 하고 그중 열병을
가장 무서운 적이라 했던데, 열병이면 염병 아니던가
지난여름의 열독으로 창궐한 열옥의 열병이 염병이었던 것을

## 새겨볼만

비염 거꾸로 돌리면 염비, 염비가 염병의 의성어거나 전성어 아니던가, 세상이 염병앓이 못면한 소이가 소릿값으로 말함아니던가 입 조심하라, 병은 그곳으로 들어가는 법이다 한 영국속담 새겨볼만

## 같은 맥락의 뜻

'한 번도 병에 걸려보지 못한 사람이 먼저 죽는다', 우리말로 유식하게 풀면 일병장수, 무병급사쯤이 된다, 해서 하는 말 늙으면 병과 함께 산다, 늙으면 의사와 친해라도 같은 맥락의 뜻

## 현대여서


인간은 누구나 병들이 있다, 병의 증세는 찾지 못했을 때 그것을
건강이라 부를 뿐, 건강이란 상대적인 말이란 시인의 말도 새겨볼만
가진체・안체・잘난체 잰체하는 체병 창궐의 시대가 현대여서

## 일치인 것을

　성한 놈치고 잰체하지 않는 놈 없으니 역설적으론 성한 놈이 그중 깊이 병든, 병든 줄도 모르고 지병 중인 환자인 셈, 이치로 치면 상한 놈이 되레 성한 놈이 되는 이치니 성하고 상함이 일치인 것을

## 어느 쪽이 진실?

의사하면 병을 고치는 인술을 업으로 알고 실천하는 자들이다 헌데 성구엔 '의사여 자신을 고쳐라' 했데, 그런가 하면 병은 신이 고치고 치료비는 의사가 받는다고도 했데, 어느 쪽이 진실?

## 하는 셈

병을 고치는 것은 건강하게 살고자 한 생명연장의지, 생명이란
생자필멸이니 의사란 생명연장을 몫으로 하는 장인일 뿐
해서 환자의 생명을 조금씩 잘라내는 몫도 겸업으로 하는 셈

## 삶의 동행자이고

산다는 것은 외로운 것 했던데, 외로움이 삶의본질이란 뜻 외로움이 삶이란 등식, 등식대로면 외로움은 죽음에 이르는 병, 결론은 삶은 죽음이고 죽기 위해 사는 것이 삶, 외로움은 삶의 동행자이고

■ 시집 평설을 대신해서_諷詩調에 대한 사계의 견해

# 三行詩의 안팎

문덕수(전 예술원 회원)

1.

박진환의 三行詩Ⅷ『諷詩調』를 읽고 느낀 바가 많지만 다 말할 수는 없을 것 같다. '諷時調'라고 하지 않고 '諷詩調'라고 한 것은 '시조(時調)'와는 다른 장르임을 말하는 것이 분명하고, '풍조시(諷調詩)'가 아니라 '풍시조(諷詩調)'라고 한 것은 이와 유사한 다른 장르명의 어순을 따를 필요가 없음을 암시한 것 같다. 어쨌든 '풍시조(諷詩調)'는 다른 누구의 것도 아닌, 바로 박진환의 장르다. 그가 풍시조의 시조요, 창업자다.

'풍시조(諷詩調)'의 '풍(諷)'은 '풍자(諷刺, satire)'일까. '풍유(諷喩, allegory)'일까(諷諫, 기자(譏刺)라는 말도 있다). 풍(諷)은 '言十風(음)'으로 된 글자인데, 떨리는 소리로 낭독하는 것을 풍송(諷誦)이라고 하고, 바람이 나뭇가지나 이파리를 흔들듯이 사람의 마음을 움직이는 것을 '풍(諷)'이라고 한다. '풍자'는 후자에 해당한다. 그러나 이러니저러니 따질 필요는 없다. '시 작품' 자체가 시론이기 때문이다. '풍시조'의 정체는 박진환의 작품에 있다고 하겠다.

> 달콤한 오수 깨며 띠리링 울리는 벨소리 속 목소리
> 기막힌 부동산 정보 전해 드리려고요
> 너나 기막히세요, 난 귀 열고 매미소리나 벗하리니
> ―「귀 열고」

IT매체들(휴대전화 등)을 통해 부동산 중개업자(복덕방)의 이러한 극성스러운 메시지는 시민들이 역겹도록 경험하고 있는 현실이다. 시도 때도 없는 각종 정보 발신에 시민들이 무방비 속에 시달리는 것은 정보공해라고 할 수 있다. 이 시는 요즘의 이러한 부동산 시장의 상황과 정보공해가 전제되어 있고, 이러한 상황을 어느 정도 공유하고 있는 독자에게만 공감이 절실할 것이다. 풍자건 유머건 간에, 독자의 다양한 지적 교양이 전제된다는 점에서 지성적 활동이라고 할 수 있다(박진환을 '주지시'의 계열의 중요시인으로 보는 것도 이 때문이다).

2.
왜 3행시일까. 20행, 30행의 장시나 산문시면 안 되는가. 초·중·종장과 같은 3행이지만, 시조의 율조와는 관계가 없다. 종장 '3·5·4·4'와 같은 율조도 지킬 필요가 없다. 음보와도 관계없다. 시조의 3행과 같다는 말도 사실상 넌센스다. 그럼에도 3행시로 한 뭔가의 이유가 있지 않을까. 앞에 든「귀열고」에서 여러 가지 장치를 전지(剪枝)하고 3단논법의 뼈대만 추려 본다.

> 남을 괴롭히는 전화는 받기 싫다(대전제)
> 요즘의 부동산 정보전화도 사람만 괴롭힌다(소전제)
> 그러므로 내게 그런 전화하지 말라(결론)

이와 같은 논리소('화소'라는 말이 있지만 '논리소'라고 해둔다)로 환원시켜 놓고 보면, 「귀열고」는 3단논법의 시상 전개임을 어느 정도는 이해할 수 있다. 상황 제시(대전제, 제1행), 권유나 권고(소전제, 제2행), 거절(결론, 제3행)로 된 3단형이나 구문면에서는 문답형이다. 3단 논법이란 2개 이상의 전제를 제시하고, 거기서 결론을 도출하는 추론형식이다. 2개든 3개든 2행으로 전제를 제시하거나 열거하고, 논리 진행의 반전, 좌절, 총합 등으로 결론을 도출하게 되면 '3단형'이 되지 않을 수 없다. 또 구문상의 '문답형'으로 본다고 하더라도 물음과 답이 각각 1행씩 합해서 2행이 되고, 물음과 대답을 성립하기 위한 전제적 상황 제시가 1행을 차지하면, 이 또한 3행 형식을 취하게 된다.

> 돈 많은 세상에 돈 없이 배고파하는 꼴이나
> 물난리에 물이 없어 목말라 하는 꼴이나
> 사람 중에 사람 없어 정치공황 부황든 꼴이나
> ― 「꼴이나 꼴이나」

「꼴이나 꼴이나」도 3단형이긴 하나 논리의 극적 국면(반전, 좌절 등)이 약한, 즉 편평(扁平)한 3단형이다. 더 정확하게 말하면 전제만 3행으로 열거되고 결론이 없는(결론은 독자의 몫으로 남겼다.) 일종의 '나열형'이다. 틀(뼈대)을 추려보면 "풍족 속의 굶주림은 꼴불견이다(제1행), 홍수 속의 갈증은 꼴불견이다(제2행), 인재 귀한 정치 공황은 꼴불견이다(제3행)"의 3단형인데, 대전제·소전제·결론 형이 아니라 단지 전제의 3행 나열에 지나지 않고, 이러한 나열을 총합한 결론은 독자에게 맡겨져 있다. 구문상으로는 '꼴이냐'가 각행의 끝말로 반복(세 번 반복)되는데 귀납형의 방식이라고 할 수 있다. 대전제를 먼저 제시하는 3단 논법형과는 다르다고 하겠다. 3단형이라고 하더라도 여러 가지 성질의 형식이 있으므로, 여기서는 변죽만 건드려본 정도로 그치겠다.

**3.**
다음엔 실제 작품을 조금 음미해 본다. 「귀열고」는 「夏夜」와 더불어 박진환의 풍시조 중에서 가장 재미있는 작품인 것 같다. 전형적인 작품이라고 해도 괜찮다.

'기막히다'의 활용형(기막힌, 기막히세요)은 문답의 '고리' 역할을 한다. 부동산중개업자와 시적 주체도 연결시켜준다. 그런데, 대답 부분(제3행)의 '기막히세요'라는 '고리'에는 '기막히다(어떤 일이 하도 어이없거나 엄청나서 질릴 정도이다와 같은 부정적 성질의 의미와, 어떻다고 말할 수 없을 만큼 좋거나 정도가 높다와 같은 긍정적 성질의 의미가 공존한다)와 '귀(耳) 막히다' 등의 의미가 공재해 있고, '귀 막히다'는 뜻의 말은 짐짓 잘못 알아들은 것으로 되어 있다. 이 풍시조의 재미는 '기막히세요'라는 고리에 내재된 다채로운 뉘앙스의 삼중 겹침에 있는 것 같다. 여기에 "너나 기막히세요"라는 독백 형식의 대답에는 "너나 잘하세요"(영화 「친절한 금자씨」의 주인공이 한 말)도 연상되고, 더 지적으로 민감한 독자라면 "사또님 말씀이야 다 우습지"나 "사돈네 남의 말 한다"와 같은 속담도 연상하게 될 것이다. 또 2인칭 대명사 '너'와 높임말인 '기막히세요'는 존대법상 일치하지 않는다. 이러한 문법적 불일치도 미적·풍자적 효과에 한몫 더한다. 말하자면 독자의 지적 수준에 따라 그 웃음과 재미가 증감된다. 아마 이러한 시적 장치의 전부를 담아 뭉뚱그리기에 적합한 가장 간결한 형태가 3행시가 아닐까도 생각된다.

> F킬라를 뿌리듯 이발사가 내 머리에 스프레이를 분무한다
> 내 머리를 모기나 파리 대가리쯤으로 아는 모양이다
> 하긴 싹싹 손 비비고 남의 피나 핥았으니 그럴 법도 하지
> ─「이발소」에서

전제가 되는 부분의 열거를 1행, 2행에 배당하고, 그 전제를 근거로 제3행에서 결론을 도출한 3단형이다. "이발사가 내 머리에 스프레이를 뿌린다(제1행), 나를 모기나 파리로 간주하는 것 같다(제2행), 아첨하고 착취했으니 이발사의 행위는 당연하다(제3행)"는 것이 이 풍조시의 뼈대다. 추린 논리소다. 그러나 이 논리 속에는 의도적 곡해(曲解)와 사회를 향한 우회적 공격이 숨어 있다. 논리 속에 숨은 이 장치의 이해가,

이 풍시조 수용의 전제가 된다.

특히, "싹싹 손 비비고 남의 피나 핥았으니"에서, 1인칭(모기나 파리의 1인칭)인 '나'의 비하(卑下)를 통해서 파리나 모기와 다를 바 없는 자신이 바로 사회의 무고한 사람들에 대한 침입자나 가해자였음을 폭로한다. 자기가 바로 풍자의 칼날에 희생되어야 할 대상이며, 자신의 비하가 공격과 비판을 위한 칼날 갈기의 전제라는 아이러니를 본다. 일종의 도회(韜晦)의 비늘이라고 할까. 새디즘과 매저키즘은 동전의 양면이라는 심리분석도 이 경우에 해당될지?.

      夏! 정말 덥다, 夜! 시원하다
     夏夜보다 더 신나고 시원한 것 없을까
       없긴 왜 없어, 下野란 말 있잖아
            —「夏夜」전문

「夏夜」는 문답형 중의 자문자답형이다. 독백형 자문자답이다. 두 개의 전제에서 의외의 결론을 끌어낸 3단 형태라고도 할 수 있다. 제1행의 대전제가 그 다음의 소전제와 결론인 대답을 가능하게 해준다. 어쨌든 '夏夜'라는 펀(pun)과 더불어 박진환식 풍자와 해학의 가장 돋보이는 전형적인 시다. '夏夜'에 내포된 골계미와 풍자성을 분석해 보자.

'하야'라는 시니피앙에는 1)계절로서의 夏夜, 2)'하! 야'라는 반응의 감탄사, 3)하야(下野)라는 시니피에가 겹쳐 있다. 반복하면 시니피앙의 한 덩어리 속의 세 시니피에가 꼬리를 물고

꼬여 메비우스의 띠처럼 회오리친다. 특히 '하야(夏夜:下野)'라는 말이 지닌 풍자성이 시 전체(1행, 2행, 3행)에 삼투되어 방사(放射)한다. 웃음 속에 감추어진 칼날을 보는 것 같아 섬찍하다.

4.
끝으로 풍시조 1편과 외국의 우화 1편을 비교해 볼까 한다. 대상은 둘 다 '중동(中東)'이다.

> 열사의 불 먹고 사는 탓에 제 버릇 못 버려 즐기는 불장난
> 석유까지 불을 뿜어대니 연일 불바다지
> 얼음을 먹어야 식히는데 中東엔 仲冬이 없으니
> ―「仲冬이 없으니·1」

이것은 일종의 '편'이다. 「夏夜」에 비하면 편의 구조도 퍽 단순한 편이다. 페르시아만(아라비아만)의 해변에 '개구리' 한 마리가 햇볕을 쬐고 있는데, '전갈(scorpion)'이 와서 바다 건너 저쪽 언덕까지 등에 태워 건너달라고 부탁한다('전갈은 몸속 독낭에 못 모양의 독침이 들어 있는 동물이다).

"싫어. 넌 전갈 아냐. 날 찔러 죽이려고"
"바보 같은 소리" 내가 찌르면 너도 죽지만 나도 익사하지 않는가. 잠시 생각한 끝에 개구리가 말한다.
"그렇군. 그럼 내 등에 올라타"

전갈을 등에 태운 개구리가 아라비아 바다를 건너기 시작한다. 바다 복판쯤에 왔을 때, 전갈은 갑자기 독침을 꺼내어 개구리를 찔러 버렸다.
"왜 이래?"
전갈이 대답했다. "여긴 중동(中東)이야."

유머지만, 이것은 '우화'의 형식을 취하고 있다(박진환도 '우화' 쪽으로 발전할지도 모른다). '개구리'는 아라비아만으로 관광온 유럽인인지도 모른다. 그러나 이 조크에 등장하는 '전갈'과 '개구리'의 본의(本義)가 각각 유럽과 중동 중에서 어느 쪽인가에 따라 작품 전체의 이야기가 달라지고, 공격의 대상도 반대가 된다. 그러면 박진환의 풍시조의 공격 대상은 누구인가. 중동만이라고 할 수 없다. 여기서 해학이건 풍자건 그 속에 감춘 예리한 '날'의 현동화(現動化)가 실은 얼마나 어렵고 미묘한 것인가를 시사한다. 특히 「전갈과 개구리」의 경우, 그 균형(balance) 잡기의 어려움을 실감하게 된다.

나는 오늘의 한국시의 지형도를 그려본 적이 있다. 1)전통과 서정(전통적 서정시), 2)메시지와 관념(관념시, 생태시), 3)이미지와 물리성(언어 이미지시), 4)탈관념의 실험(탈관념시), 5)주지적 처리(주지시) 등이 그것이다. 한국시의 동서남북이라고도 할 수 있다. 우리 시단의 특색 있는 시의 중요한 작품들은 일단 이 지형도로 배열, 배치할 수 있다. 우리 시의 현황이다.

나는 박진환의 최근작(3행의 풍시조)을 주목하면서 '주지시'

의 장르로 보았다. 지금도 나는 이러한 자리매김을 후회하지 않는다. 김춘수는 박진환의 풍시조에 대하여 『하여지향(何如之鄕)』을 쓴 송욱의 '전철'을 밟고 있다고 했지만, 나는 송욱과 '같은 계열'이라고 보지, '전철'이라고는 생각하지 않는다. '풍자의 노끈'으로 송욱과 박진환을 칭칭 묶어 버리는 것도 가능하나, '풍자'가 있는 '주지(主知)의 토포스' 속에 자리한 박진환의 거처가 지닌 의미의 진폭을 이해할 필요가 있을 것 같다. 풍자, 해학, 편, 아이러니, 비꼼, 조롱 등은 '주지시'의 자원이긴 하나 이것만이 전부는 아니다. 이러한 주지시는 송욱, 김현승, 김광섭 등을 거쳐 김기림(金起林)의 장시 『기상도(氣象圖)』(1936)에 이른다는 사실을 이해한다면, 주지의 여러 가지 자원이 뭣인가를 짐작할 수 있다. 『기상도』가 지닌 주지적 풍부함의 목록을 일일이 확인할 필요가 없을까.

이야기를 많이 에둘렀다. 다시 「仲冬이 없으니·1」과 「전갈과 개구리」이야기가 지닌 한 가지 토픽도 주지(主知)가 지닌 여러 가지 목록 중의 하나다. 지성은 억제와 조절에 바탕을 둔 '균형'을 강조한다. 형이상적 존재의 인식, 그 인식이 지닌 초월성의 자기화(自己化)에 의한 시선의 확보, 그 중의 풍자적 시선이 공격 대상을 선정하는 일에 도리없이 참여하는 '균형'은 특히 중요하다. 저울대의 무게와 추가 형평을 이룰 때 '풍자'는 더욱 빛날 것이다.

■ 시집 평설을 대신해서_諷詩調에 대한 사계의 견해

# 知的調律에 의한 시 意味의 密度와 結晶度
― 『諷詩調』의 창간에 부쳐

성찬경(전 예술원 회원)

　문예지 『풍시조(諷詩調)』가 창간되었다. 때는 2008년 초여름이고, 앞으로 계간지로 계속 발간될 것이라는 예고다.
　문예지라고 했지만, 문예지치고는 매우 특수한 성격을 지니는 문예지다. 우선에 소설은 배제된 시 전문지이지만, 넓은 범위의 시 일반을 싣는 것이 아니라 '풍시조(諷詩調)'란 새로운 시적 유형과 범주에 속하는 시만을 모아서 엮는 시지이니, 이를테면 시단 안에서도 특수 전문지의 성격을 갖는다. 흔히 취미 오락 등을 다룬 잡지에 낚시니 등산이니 바둑 등을 전문으로 다루는 잡지를 보게 되는데, 『諷詩調』는 시 안에서도 독특한 장르만을 대상으로 하는 일종의 전문 시지(詩誌)인 셈이며, 우리나라 시사(詩史)와 시단의 현황이 어언 여기에까지 이르렀는가 하는 감회를 갖게 된다.
　여기에서 좀 더 차분히 『諷詩調』의 출현을 지금까지 키워 온 그 뿌리와 수맥을 살펴볼 필요가 있다. 말할 것도 없이 이

『諷詩調』의 근본이 되는 자양적 모태는 박진환 시인이 약 30년에 걸쳐서 전개해온 넓은 의미에서의 지성시(知性詩) 운동이다. 박진환 시인은 이러한 지성시의 구체적인 전개방법으로서 '형이상학시'의 기치(旗幟) 아래, 이른바 변용의 시를 추구해온 것은 세상이 다 아는 바다.

변용의 시도 실은 그 개념의 범주가 좁다 할 수는 없다. 더 구체적으로 말하면 시에서의 위트, 컨시트, 또는 펀과 같은 기법을 활용하여 시의 정서적 구조를 지적 구조로 바꾸고, 그럼으로써 시를 의미의 밀도에서 좀더 경질(硬質)의 것이 되게 하려는 시적 추구를 말한다. 그리고 이것은 그 시적 추구에서 17세기 영국의 '형이상학파' 시인들의 추구와 그 맥이 통한다는 사실도 우리가 알고 있는 바와 같다.

여기에서 박진환 시인의 이러한 시적 추구가 우리 시의 현실적 상황과 어떠한 관계에 있는가 하는 점을 살필 필요가 있다. 현재의 우리 시는 한 마디로 지성이라는 영양소의 결핍 증세가 심한데, 또한 그것을 자각하고 있지도 못하다는 것이 나의 솔직한 판단이다.

시에서 지성이 하는 구실은 일종의 조화 감각이라 할 수 있다. 시가 너무 한 쪽에 치우치는 것을 막아주는 감시의 역할을 하는 것이 바로 지성이다. 그래서 시에서 지적 요소가 부족하면 시가 한쪽으로 치우치는 것을 막지 못한다. 시에서 눈물이 너무 많아진다거나, 지나치게 격정에 사로잡힌다거나 정서의 내용이 너무 가냘퍼진다거나, 또는 지나치게 괴기해진다거나 하는 현상이 모두 지성적 작용의 결핍에서 오는 증후라

할 수 있다.

문예지 『조선문학』을 중심으로 하는 한 무리의 문인들이 문학에서 지성적 구실을 강조하고, 줄기차게 우리 문단에서의 이러한 허점을 보완하고자 한 문학적 공헌에 대한 평가에서 우리는 몰인식과 소극성을 벗어나지 못하고 있는 것이 아닌가 하는 것이 역시 나의 생각이다.

이번에 발간된 『諷詩調』는 박진환 시인이 벌여온 시운동의 더욱 정제된 결정과도 같은 것이며, 이것을 일종의 '문학적 발명'이라 해야 마땅할 것이라는 생각이 든다.

어느 시대에 있어서나 문학의 새로운 양식은 그것이 하나의 새로운 발명임을 의미한다. 그리고 진정한 의미에서의 '발명'이라면, 얼핏 보아 아무리 하찮게 보이는 것일지라도, 거기에는 발명자의 많은 시간과 피땀과 노고가 스며있음을 잊어서는 안 된다. 시에 있어서도 마찬가지다. 시의 새로운 체질과 양식과 장르의 발명이 실은 시인들의 끊임없이 노력하고 추구하는 목표이기도 한 것이다.

'諷詩調'의 출현 역시 결코 하루아침에 이루어진 우발적인 출현이 아님은 말할 것도 없다. 지금까지 박진환 시인이 시도해온 많은 '3행시'와 '諷詩調'가 그 싹이 되어 피어왔음은 물론이다.

『풍시조(諷詩調)』가 갖는 새로운 체질적 특색을 간단히 살펴보겠다. '諷詩調'가 우리 고유의 전통적 시가의 형식인 '시조(時調)'와 체질적 연관성이 있음은 물론이다. 諷詩調의 구성이 3행으로 돼 있는 점이 초중종 3장으로 돼 있는 시조와 일치한다는 것에서도 이 일을 알 수 있다. 원래 시조의 초중종 3장도 시조보다 더 뿌리 깊다 할 수 있는 동양 고유의 한시(漢詩)의 기승전결에서 나온 것임을 우리는 짐작할 수 있다. 4행1련을 기본 단위로 하는 기승전결은 사실 동서고금의 모든 시적 감흥의 기본 틀이기도 하다. 다만 시조의 경우 종장에 해당하는 3장에서는 '전(轉)'과 '결(決)'이 한 행에 압축됨으로써 4행의 경우보다도 더욱 극적 효과와 시의 긴장감을 높여주고 있다.

이와 같이 諷詩調는 시조와 일맥상통하면서도 예술적 감흥을 겨냥하는 데에서는 시조(時調)와 사뭇 다르다. 곧 시조의 시의 뜻을 한자의 때시 '時'에서 글시 '詩'로 바꿔놓은 데서 그 겨냥하는 바를 짐작할 수 있다. 시조(時調)가 그 주제를 시대적 풍습에 맞추려는데 두고 있다면, 諷詩調에서는 시류(時流)를 넘어서는 작품으로서의 시적(詩的) 가치를 높이려는 의도가 숨어 있으며, 이런 점에서 '諷詩調'는 이른바 순수시(純粹詩)와도 그 방향을 같이 하게 된다.

'시조(詩調)', 곧 시의 흐름에 또 '풍(諷)' 자가 결합되어 있으니, 이것은 또 어떤 의도를 품고 있는 것일까. 여기에서 '풍(諷)'자는 박진환 시인이 시지의 '창간사'에서도 밝히고 있는 바와 같이 시에 넓은 의미의 풍자성(諷刺性)을 담으려는 의도와 다를 바가 없으니, 이 풍(諷)의 개념에는 시에서 전개할 수 있는 지적 작업 일반의 여러 항목이 두루 포함돼 있으며, 위트, 아이러니, 새타이어, 시니시즘(비꼬움) 등 표현상의 역설적 기법이 종횡으로 등장하게 된다.

그리고 이러한 풍자는 그것이 일종의 지적 응징의 구실을 하게 되는 것이며 이와 같은 응징의 숨은 의도는 바른 사회, 꼴불견인 시류적인 속물(俗物)들이 사라지는 사회, 양식이 통하는 밝은 사회의 출현을 바라보는 것이니, 깊은 뜻에서는 이 풍자의 정신이 곧 인도주의적 염원과도 일치한다는 점을 간과해서는 안 될 것이다.
 '諷詩調'의 보기로서, 박진환 시인이 전, 현직 대통령을 소재로 풍자한 시를 보려 한다.

> 노랗게 노랗게 노자로 시작해서
> 나리나리 개나리 리자로 끝나면 무슨 나리게
> 개나리, 노노노 무식하긴 노나리지
> ―「개나리」

> 이명박 대통령 임기 끝나 퇴임하는 날이 2012년 12월 26일
> 이날에 맞춰 돌아가는 시계가 이명박 시계란다
> 시작이 엊그젠데 퇴임 날 꼽아가며 돌아가는 시계가 있다니
> ―「이명박 퇴임시계」

펀과 시니시즘과 새타이어가 2중 3중으로 얽히고 꼬인, 고도로 지적인 시적 작업임을 알 수 있다. 이보다 더 따끔한 응징적 일침이 또 있겠나.
 계간지 『諷詩調』는 이제 막 창간되었기 때문도 있겠지만, 아직 동인지의 성격을 완전히 벗지 못한 느낌도 없지 않아

있다. 앞으로 이런 점도 차츰 보완이 되리라 믿어지며, 이 시지가 잘 성장하여 응분의 구실을 하게 될 것을 나는 축원의 시선으로 바라본다. 그렇다 하더라도 일관성 있는 '지성시'에의 헌신과 노고가 정당한 평가를 받게 되는 날이 우리 시사(詩史)에서 언제 찾아올 것인가.

■ 시집 평설을 대신해서_諷詩調에 대한 사계의 견해

# 諷詩調의 깃발과 風向
– 새로운 시 운동에 대하여

김용직(전 학술원 회원)


 극히 최근에 그 모습을 드러낸 諷詩調 운동에는 두 가지 정도의 전략이 내장되어 있는 듯 보인다. 그 하나가 독특한 형태양식 해석이며 다른 하나가 현실 상황을 향한 예각적 공격의식이다. 명백히 현대 서정시의 서부(西部)를 개척하려는 의욕으로 시도된 이 시운동은 그러나 그 형식을 3장 6구를 원형으로 한 단형시 제작을 바탕으로 하고 있다. 3장 6구의 단형시라면 우리 머리에는 곧 한국 전통시가 양식인 시조가 떠오른다. 시조는 국민문학파에 의한 개혁운동 이후 새로운 토대를 마련하게 되었다. 이때부터 시조는 고전시가의 인습적인 면을 벗어나 새 시대의 양식이 된 것이다. 諷詩調는 시조의 이런 틀을 이용하려는 듯 보인다.
 諷詩調는 그 의식성향으로 보아 상당히 공격적이며 호전적이기까지 하다. 그 도마 위에는 정치, 경제, 사회, 문화의 문제만이 아니라 개인의 윤리, 도덕적인 사건까지가 가차 없이 올라 난도질당한다. 그런데 많은 경우 諷詩謝의 비판, 공격은 예술적 의장을 거치지 않은 가운데 이루어진다. 諷詩謝에서 풍(諷)은 수사론에서 풍자를 뜻할 것이며 고전문학의 감각을 곁들이게 되면 풍간(諷諫)과 같은 맥락에서 해석될 말이다. 풍자와 풍간에 역겨운 현실, 아니꼬운 대상을 꼬집고 공격하는 단면이 내포되어 있는 것은 사실이다. 그러나 그런 경우의 비판, 공격은 진술의 형태로 이루어지는 것이 아니라 비유의 형태를 취하는 것이 바람직하다.

풍자문학에서 직접적 언술(言述)이 아니라 간접적인 기법이 이용되는 까닭은 단순하다. 많은 경우 시인이 아니꼽게 생각하는 대상은 한 시대와 사회에서 강한 힘을 가진 개인이거나 집단과 그 부수 형태인 제도나 규범들이다. 그들을 진술의 차원에서 공격하는 경우 작품들은 즉각 압수, 폐기되고 그 제작들은 연행, 구속될 위험에 노출된다. 시와 예술이 노려야 할 것은 이런 자살 특공대식 자기표출이 아니다. 이런 감각이 생산해 낸 전략의 결과가 풍자로 해석되어야 하는 것이다.

諷詩謝가 3장 형식을 취한 것에 대해서도 이와 거의 같은 이야기가 가능하다. 諷詩謝가 3행시의 형태를 이용한 것은 3행시가 한국 전통 시가를 대표하는 것으로 판단된 결과일 것이다. 새로운 시가운동이 국민문학의 자리에 오른 양식의 특성을 이용하는 것은 슬기로운 일이다. 그러나 이 경우에도 우리는 창작활동에서 기본교의 하나를 기억하고 있어야 한다. 모든 창작활동에서 형태는 묵수될 것이 아니라 새롭게 해석, 개척되어 나가야 한다. 국민문학파의 전례가 가리키는 바와 같이 3장 6구의 시조가 갖는 큰 틀은 긍정적으로 계승될 수 있다. 그러나 그 틀 속에 새로운 시로서의 호흡과 맥박은 끊임없이 재창조되어야 한다.

　우리는 모처럼 시도되는 諷詩調 운동이 한국 현대시의 높은 산맥이 되고 푸른 강줄기를 이루어나가기를 희망한다. 이런 소망이 다소간 비판적인 생각을 토로하게 된 셈이다.

■ 시집 평설을 대신해서_諷詩調에 대한 사계의 견해

# 박진환의 3행 '諷詩調'에 대하여

최원규(충남대 명예교수)

 최근 지속적으로 왕성하게 발표해온 박진환의 삼행시초 '諷詩調'야말로 괄목할만한 한국적 단형시다. 더구나 시대적 상황이 사회적으로 굵직한 이슈를 던져주었던 전번의 정치적 관심이 우리 모두를 끌어들이는 시기와 맞물렸기 때문이기도 하다. 이미 정권 교체에 따른 권력의 갈등에서 겪은 일이지만 대선과정에서 마지막까지 문제가 되었던 BBK 사건, FTA, 숭례문 복원, 대운하 찬반, 광우병 등으로 인한 촛불 시위 범람이 쓰나미처럼 휩쓸고 지나갔으며 아직도 그 여진이 계속되고 있다.
 이렇게 불안한 계절에 시인은 이들의 갈등과 부조리를 외면하고 추상적인 언어를 기반으로 하는 사회적 연대감에서 벗어나 강 건너 불구경만이 순수의 미덕인가. 마땅히 지식인으로 가치판단이나 문화적 선악에 동참, 선도의 언어가 필요해진 것이 너무 당연하다. 하물며 시는 시인끼리 담을 쌓고 그 속에 안주해 있는 모습에서 벗어나 시민과 동참 동행하는 시민의식이 필요하다.

이미 우리 시의 역사 속에서도 한용운, 이육사, 윤동주 그들의 평가에서 볼 수 있듯이 그들의 시에서 우리의 의지와 나라를 걱정하는 애국시가 용솟음치기도 하였다. 그런 점에서 이 시대 박진환의 諷詩調야말로 우리 시단의 중요한 뇌관을 건드린 사건이라고 판단된다.

諷詩調는 삼행이라는 점에서 시조와 같으나 구조나 형태적 특질이 시조의 틀을 벗어났을 뿐만 아니라 어귀나 비유법의 방법을 시조와 달리한다. 한편 화제가 되고 있는 시대적 상황을 직접적인 논의와 평가를 요구하며, 아이러니, 패러독스, 유머로 수용한다. 요컨대 박진환의 '諷詩調'는 업투데이트한 시대적 사회시를 전제한다. 그러므로 그의 '諷詩調'는 작중 인물들의 선행이나 악행의 전제를 제시하며 마지막 행에 이르러서는 개선이나 선과 악의 가치판단의 동참을 요구한다.

박진환의 '諷詩調'는 악과 사의 교정을 위한 화해적 개선이라는 점에서 꼬집고, 비꼬고, 깎아내리고, 비아냥하고 비판, 고발, 폭로를 시의 바탕으로 삼되 마지막 의도는 '순수한 통징'을 감행함으로써 풍자시보다는 한 차원 높은 시적 장치를 갖추고 있다는 점에 주목한다.

박진환은 엄격하거나 거창한 테마를 희극적으로 처리하거나 재미와 멸시, 분노와 냉소의 태도를 환기시킴으로써 그것을 약화시키는 기법을 사용한다. '웃음을 무기로 사용하고 작품의 외부에 존재하는 과녁을 겨냥한다. 그 과녁은 개인적인 일일 수 있고, 어떤 계층이나 제도나 국가나 인류 전체에게까지 할 수 있다'라고 전제한다.

요컨대 화자가 단정하는 외견상 주장과 속으로 의도하고 있는 의미가 서로 다른 진술을 할 때 그 진술은 태도나 평가를 명백히 표현하지만 그것과 매우 다른 태도나 평가를 함축하고 있는 것을 포함하는 것이 아이러니의 기술이라고 보았을 때 박진환의 '순수한 통정'을 암시한다. 발음이 같고 흡사하지만 의미는 전혀 다른 같은 소리에 다른 의미를 갖는 말들은 때로 읽는 이에게 가치판단의 격정적인 한편으로 기울게 하기보다 그것을 유보하며 역지사지(易地思之)의 공평성을 유발시키고 화해성을 유도한다.

박진환은 시적인 재담(equivoque)도 있고 때로 언어유희(pun)도 있지만, 그것들은 읽는 이로 하여금 간담이 서늘해지는 경지까지 유발한다. 때로는 '삶 속의 죽음'이나 '쾌락의 고통', '사랑의 증오'들처럼 메타피지컬포에트(Metaphysical poets)들이 사용한 흔적에 영향되었다고 할 수 있으나 박진환의 경우 경고성의 환기에 더 치중함을 볼 수 있다.

마침내 풍(諷), 시(詩), 조(調) 각개의 문자 의미의 내부를 탐색할 때 모두 언(言) 말씀이 들어있다. 말씀[言]은 글[文]과 구별된다. 글은 논리와 절제를 요구하지만 말[言]은 흘러가는 물과 같이 지형이나 지세에 따라 형태가 변하며 응집한다. 그러므로 흐름의 방향은 같지만 물줄기는 즉흥적이며 당대의 상황에 따라 전변한다.

말씀[言]은 바람[風]과 절[寺]과 두루할 주(周)를 더하여 동서남북, 종횡무진, 당대를 섭렵한다. 그리하여 박진환의 '諷詩調'는 마침내 세상사의 이야깃거리의 중심부에서 주제할 수 있는 정세의 총화와 전환을 암시한다.

박진환의 諷詩調가 꼭 3행이어야 하는가의 문제에 대하여 신중히 생각해야 한다. 다만 어느 민족이고 그 민족의 정서적 흡인력에 의하여 자연 발생적으로 생겨난 정형적 틀이 있어 왔다. 가령 당시(唐詩)의 4언 또는 7언 절시나 영시의 4행시(quatrain), 이행연귀(couplet), 14행시(sonnet) 모두 각운 구조로 결합된 강약음보격의 시행으로 되어 단일시귀(stanja)의 서정시인데 우리의 고유 문학형태의 시형(시조)들이 3장 6귀의 원칙을 고수한 것은 민족적인 고유성과 기풍(Ethos)에 의한 것이라고 믿는다. 다만 박진환의 경우 꼭 우리의 시조를 의식한 3행시는 아니지만(사실 시조와는 그 정형시로 의미구조의 잣대에 맞지 않음) 정형시로서 규율에 맞는 것이 아닌 자유시로서의 의미를 더욱 확대한다.

외형상 3행시로 처리한 것은 압축과 긴장미의 효과를 살리며 음수율에서 체험할 수 없는 탄력을 보여준다.

그리하여 3행시는 우리에게 낯익고 우리 말의 생태적 관습의 순리에 수용된다. 또한 시의 자연스런 형태의 공감이 일반화되었기에 박진환 삼행시가 우리 시단의 충격파를 더해 간다고 생각된다. 그의 3행 諷詩調의 창출은 우리 시문학사의 새로운 원형을 배가시킨 원동력이 될 것이며, 한편 시적 표현 미학에서 잡다한 외래적 수용의 난맥상을 제압하는 데 주요한 길잡이가 될 것이다.

박진환의 3행 '諷詩調'는 시조(時調)와 동자이의어(同字異義語)로 우리에게 새로운 정형성의 모델을 제시한다. 그러므로 우리 현대시가 지닌 무모한 율격이나 시적 주제의 미숙성 또는 혼미성을 극복하는 데 따른 주제시로서 확실한 언덕이 형성된 셈이다.

■ 시집 평설을 대신해서_諷詩調에 대한 사계의 견해

# 풍시조 읽기

문효치(전 문협 이사장)


　박진환 시인의 諷詩調를 읽었다 풍시조(諷詩調)라는 낯선 이름에 대하여 저자는 풍자시를 줄여 풍시라 하고 거기에 무슨무슨 투나 태도의 뜻으로 조(爪,調)를 붙였노라고 설명하고 있다. 그러니 諷詩調의 본질은 풍자시일 듯하다.
　우선 재미있다. 식상한 이미지들의 나열이나 아니면 거의 산문화 되어버린 요즘의 시들에 입맛을 잃었는데 이 諷詩調는 매우 신선한 재미를 느끼게 해 준다.
　세상은 부조리와 불합리와 부정 불의 등으로 가득 차 있다. 이러한 세태가 우리를 짜증나게 하고 화나게도 한다. 살맛을 잃게 한다. 정말 살맛을 잃게 하는 재미없는 제재를 박진환 시인은 재미있는 시로 만들고 있다.

　핵, 우리도 그간거있어 평평터지는 국제특허품 不字標 핵 있어
　　　　불평등·불공평·부조리·부정부패·부동산 투기까지

건들면 폭발하는 순 국산 不字標 핵 있다고, 까불고 있어
— 「까불고 있어」 전문

  불평등 불공평 부조리 부정부패 부동산 투기 등 우리사회에 만연한 부정적 요소들, 이것들은 가히 우리 사회를 파괴시킬 만한 위력을 가지고 있다. 정말 심각한 문제다. 이런 사항들을 '不字標핵'으로 둘러댄 그 재치가 재미있다. 그래서 이 시를 보면 일단 웃음이 난다, 진짜 핵을 '그깐거'라고 대수롭지 않은 존재로 봄으로써 '不字標 핵의 위험성을 한껏 고조시켜 놓았다. 내용은 매우 심각한 문제성을 가지고 있지만 표현된 말들은 우리를 재미있게 해 준다.
  '까불고 있어'라는 끝절은 상대방(진짜 핵을 가진 자)에게 눈을 흘기며 짐짓 어깨를 으쓱거리는 모습을 떠올리게 해 준다. 다소 장난기가 보이는 모습을 연상하면서 시인의 재치를 다시 한번 실감케 해 준다.
  이러한 부조리 불합리한 사태를 능란한 솜씨로 비꼬고 농락함으로써 독자들은 후련한 카타르시스를 느낀다. 내가 미처 하지 못한 앙갚음을 대신 갚아 주는 것 같기도 하고 어쩌면 내 심정을 잘 알아주는 것 같기도 하다.
  이 책은 멸시 분노 증오의 정서를, 비꼼 냉소 조소 조롱 역설 등의 언사로 가득 채워 놓았다. 그러나 궁극으로는 교정·교훈의 의지가 숨겨져 있다.

    뭐라구라우, 사람 낳고 돈 낳제 돈 낳고 사람 낳다구라우

> 허허 이 양반 순 구식이네
> 신식으론 돈 낳고 사람 낳제, 사람 낳고 돈 낳고가 아니여
> ―「뭐라구라우」 전문

 돈 낳고 사람 낳은 것은 불변의 진리이다. 그러나 신식으로는 돈 낳고 사람 낳았다고 큰소리친다. 그러나 이것은 역설이다. 화자가 진짜로 하고 싶은 말은 이른바 구식인 '사람 낳고 돈 낳다'는 말이다. 이것이 뒤집힌 세상, 전도된 가치에 대해서 일갈하고 꼬집은 것이다. 그리고 그에 대한 반성과 교정을 꿈꾸고 있는 것이다.
 삼행으로 압축한 단아한 모습의 시형에도 주목하고 싶다. 말 그대로 촌철살인의 짤막한 말이 감동을 준다. 요즈음 장황한 수다를 늘어놓는 시들이 범람하면서 이렇게 간결한 시들이 그리워진다.

> 나라님 물러나면 낙향하여 통나무집 짓고 시나 쓰며 살겠단 말
> 아무래도 허사같다. 시는 말을 아끼고 줄이는 언어경영인 것을
> 저리 말이 헤퍼서야 어찌 말의 진수에 닿을 수 있을지
> ―「아무래도 허사 같다」 전문

 듣기 좋은 수다로 대중들을 현혹하며 실천보다는 말을 앞세우는 정치인을 비꼬며 질타하고 있지만 한 편 짤막한 시론을 엿볼 수 있는 시다. 그렇다. 시는 '말을 아끼고 줄이는 언어경영'인 것이어서 '말이 헤퍼서'는 안 될 일이다.

  삼행은 우리의 눈에 익숙하다. 어려서부터 시조를 읽고 배워왔기 때문이다. 물론 시조의 형식에 맞춰 음수율을 조절한 것은 아니지만 그 속에 기승전결의 구조를 가진 것들이 많은 것도 이해하기 쉬운 대목이다.

  지금이 바로 이러한 시들이 필요한 시대인 것 같다. 잡지마다 넘쳐나고 있는 산문조 요설이 시성(詩性)을 잠식하고 있고, 그리고 비꼬고 조롱하고 비난하고 질타해야 될 일들이 많은 세상일수록 그러한 세태를 지적하고 경계하며 교정해야 하기 때문이다. 시가 궁극적으로는 인간을 위하고 옹호하는 것이라면 시가 이러한 일에도 적극 관심을 가져야 할 것으로 생각한다.

■ 시집 평설을 대신해서_諷詩調에 대한 사계의 견해

# 諷詩調에 나타난 형이상시의 수사법

최규철(시인 · 문학평론가)

**들어가는 말**

어느 사회학자는 '농경사회의 삶이 시간 잉여(時間剩餘)의 시대였다면 오늘날과 같은 정보화 사회는 시간 기근(饑饉)의 시대라'했다. 그것은 그 정도로 오늘의 시대가 시간에 쫓기며 살아가는 고속화 시대를 맞이하고 있다는 것이다. 따라서 이러한 고속화 사회에 사는 현대인들의 문학작품에 대한 선호도 역시 장편소설보다는 단편소설을, 장시보다는 단시를 더 선호하는 경향이 있다. 특히 시에 있어서 현대인들의 구미에 맞는 시는 짧으면서도 그 속에 다분한 내용을 함축함으로써 큰 감동을 주는 시라 하겠다. 이런 시대적 요구에 부응하는 시가 바로 박진환 시인이 착안하고 시운동을 전개하고 있는 諷詩調이다.

諷詩調의 기법은 형이상시의 레토릭(rhetoric)과 흡사한 면이 많다. 컨시트의 기발한 지적 놀라움, 서로 상반된 양극화의 결합과 그 조화, 역설과 반어(反語), 시의 순수한 통징을 통한 내적 울분의 해소와 사회 구조악(構造惡)의 개선 등이 바로 그것이다.

특히 3행시의 짧은 글 속에 함축된 내용과 그 여운을 담기 위해서는 압축적이고 생략적인 구문이 필요하다. 따라서 각 행의 전환 및 반전이 빠르게 전개되는 특색이 있다. 이것은 양극화의 긴장이 팽팽할수록 행과 행의 전환속도가 빠르고 생략과 압축의 미학이 더욱 살아난다.

필자는 그동안 지면을 통해서 3. 4회에 걸쳐 언급해온 諷詩調 시학에 대한 이론을 총괄하고 종합하여 주로 諷詩調의 형이상시적 유사성과 레토릭(rhetoric) 기법의 측면에서 접근해 보고자 한다.

### 1. 諷詩調의 순수한 통징

諷詩調는 일종의 풍자시의 성격을 띤 시라 하겠다. 풍자시의 사전적인 정의는 부정부패와 비리 현상과 모순 등을 다른 사물에 비유하여 폭로와 공격 일변도의 시를 말한다. 즉 풍자시라고 하는 한자가 풍자할 풍(諷) 찌를 자(刺)로 명시한 바와 같이 모든 죄악상을 어떤 사물로 빗대어 찔러 고통을 가하게 하는 일종의 보복성을 뜻하는 성격을 내포하고 있는 시가 대부분이다. 그러나 諷詩調에서 말하는 순수한 통징의 주된 목적은 諷詩調를 통해서 죄의 아픔을 느끼게 할 뿐만 아니라,

뉘우치고 돌이켜 새롭게 변화하게 하는 데 주력하는 시의 기능을 말한다. 다시 말하자면 죄의 부패성에 대해서 단순히 찌르고 고통을 가하게 하는 데 그치는 것이 아니라 메스를 가하고 수술을 함으로써 병을 낫게 하는 데 그 목적이 있음을 말한다.

 그러나 여기서 주의 깊게 보아야 할 것은 수술을 가하되 고통을 없애게 하기 위해 마취제를 동시에 투여하는 방법을 취하고 있다는 사실이다. 즉 유머를 통해서 웃음을 주고 즐거움을 줌으로써 그 고언을 달게 받아들이고 소화시킬 수 있는 기능을 지녔다는 것이다. 諷詩調의 통징이야말로 우리의 뇌에서 일종의 모르핀이나 엔도르핀과 같은 호르몬을 분비하게 함으로써 무통수술을 하게 하고 오히려 미묘한 시적 희열을 주게 하는 절묘한 수술비법을 의미하고 있다. 諷詩調의 작가들은 이런 諷詩調의 순수한 통징의 특성을 숙지하고 이러한 순수한 통징의 기능을 살리는 데 노력해야 할 것이다. 諷詩調에서 이러한 순수한 통징이 살아있지 못한다면 그것은 諷詩調로서의 시적 역할을 다한 시라 볼 수가 없다. 諷詩調의 생명이 바로 여기에 있다 할 수 있기 때문이다.

 참으로 諷詩調의 순수한 통징이야말로 오늘과 같은 종말론적인 징조를 토로하고 인류의 구원을 갈구하게 하는 시대적 사명의 성격을 띤 시라 하겠다. 현대사회는 갈수록 첨예한 양극화 조성으로 인한 양자구도의 대립상이 심화되고 있다. 오늘날 정치 경제 사회 문화 전반에 걸친 인류사회의 갈등과 분쟁이 바로 이런 극단적인 양극화 현상에서 오는 결과라 하겠다. 그렇다면 현대시가 어느 때까지 이를 외면하고 오히려 음풍농월(吟風弄月)만을 일삼아야 하겠는가. 시가 인생문제로 깊이 들어가서 이런 양극화 문제를 해소하고 하나로 융합하는 화해와 일치의 시학으로 발전해가야 할 것이 아닌가. 그러한 의미에서 諷詩調 운동의 필연성이 강조된다.

더욱이 환경오염으로 인한 생태계의 훼손과 대기오염으로 인한 오존층의 파괴, 그리고 지구 온난화에서 발생하는 엘니뇨현상 등으로 인류의 생존 문제에 심각한 적신호가 켜있다. 이런 각박한 상황에서 탈출하기 위한 녹색시학 운동의 전면에 諷詩調가 자리하고 있음을 알 수 있다.

시인은 예언자적인 예리한 눈을 자지고 미래사회의 변화를 직시하면서 오늘의 잘못된 과오를 지적 감동을 통해서 깨닫게 하는 순수한 통징에 무한한 관심을 쏟아야 한다.

> 세상이 왜 이러나 유행병처럼 자살·자살·자살
> 마음 한 번 고쳐먹으면 살자·살자·살자가 되는데
> 뭐 그리 좋은 거라고 일편단심 자살이람
> — 박진환의 「뭐 그리 좋은 거라고」

한국인의 자살률이 OECD 30개 회원국 가운데 1위를 기록하는 불명예를 안고 있다. 연예계의 인기 스타들과 대기업의 총수들이 잇따라 자살을 하고 심지어 전직 대통령까지도 스스로 목숨을 끊음으로써 사회적 충격이 크다.

박진환 시인의 諷詩調「뭐 그리 좋은 거라고」는 1행의 자살·자살·자살'이라고 하는 부정적인 죽음의 개념과, 2행의 '살자·살자·살자'라고 하는 긍정적인 생명의 개념을 양극구도로 서로 거꾸로 뒤집어 대치해 놓음으로써 기발한 위트와 유머를 돋보이게 한다. 이러한 諷詩調의 기능이야말로 격한 자살충동을 완화시켜 줄 뿐 아니라 생에 대한 강력한 의욕까지도 유발하게 하는 시적 감동을 가능케 한다. 여기서 諷詩調의 풍자 속에 담고 있는 간절한 회심에의 바람이 '마음 한번 고쳐먹으면'이란 말로 표현되고 있다. 이것이 바로 諷詩調가 지닌 순수한 통징의 힘이다.

> 피를 빨아 먹는 모기 잡는데 의견이 분분하다
> 정치가 어떻고 법이 어떻고 대통령이 어떻고
> 입으로 모기 잡나? F킬라를 뿌려야지
> — 박진환의「입으로 모기 잡나」

이 시는 그 제목부터가 웃음을 터뜨리게 하는 유머가 있어 마음을 끈다. 이 시 속에 감추어 있는 암시성과 시사성(示唆性)이 모기와 F킬라라고 하는 기발한 메타포를 통해서 큰 감동을 준다. 정계와 법조계의 부패상을 바로잡는, 즉 '피를 빨아 먹는 모기를 잡는데'에는 입으로 하는 설왕설래(說往說來)로써는 근절될 수 없다는 것이다. 특히 수사법 중에서 변화법의 하나인 '입으로 모기잡나?'라고 하는 설의법으로서 F킬라라고 하는 정답을 독자에게 물어 찾아내게 하는 레토릭으로써 스스로 개혁의지를 촉발하게 하는 순수한 통징이 돋보인다. 찌르고 자르고 쪼게는 메스질이 가해짐에도 불구하고 뇌에서 분비되는 모르핀을 통해서 즐거운 마음으로 웃고 수긍이 가능케 하는 회심과 변혁의 비법이 있다.

## 2. 諷詩調가 갖는 컨시트의 특색

형이상시의 컨시트(奇想, conceit)는 형이상시의 특징 중에서 가장 중요한 특징의 하나라 할 수 있다. 외견상 전혀 유사성이 없거나 상반되고 양극화된 사물이나 상황들을 재치 있고 기발한 방법으로 결합하여 소위 사무엘 존슨(Samuel Johnson)이 언급한 '부조화의 조화'를 이루게 하는 비유적인 수사법을 말한다.

그러나 諷詩調에서 보여주는 컨시트의 특색은 형이상시에서 말하는 그것과는 사뭇 다른 양태의 컨시트를 볼 수 있다. 3행시 구문의 생략적인 특성 때문에 행과 행, 낱말과 낱말, 심지어는 문자와 문자로부터 서로 상반된 사물이나 개념의 명칭과 발음 등을 찾아내고 거기서 특별한 의미성을 유추하여 또 다른 의미를 창출해내는 언어유희적인 기발한 컨시트를 선보이고 있다. 이런 관점에서 볼 때 諷詩調의 컨시트는 단순히 두 가지 사물이나 개념을 교묘하게 결합하여 뜻밖의 유사성을 찾는 기존의 형이상시의 컨시트와는 다른 특성을 지니고 있다고 하겠다.

대통령 국정평가 잘했다가 44.2%, 못했다가 41.1%
막상막하, 정치란 게 그래
上 뒤집으면 下 되고, 下 뒤집으면 上 되거든
— 박진환의「物神時代·216」

국민이면 누구나 알게 모르게 다 정치에 젖어 살면서 나름대로의 정치철학, 내지 생활철학을 가지고 있다. 그래서 3행에서 '정치린게 그래'라 토로한다. 이런 지적 깨달음을 풍자적으로 소화시켜 표현하기란 그리 쉬운 일은 아니다. 이런 이유 때문에 민감한 사안을 받아들여 유머로 웃어넘길 수 있고, 감동 받아 깨달음을 갖게 하는 諷詩調의 기법에 주목할 수밖에 없다. 그래서 諷詩調가 지적이며 문화적인 통징을 가져오게 하는 첩경이라 여겨진다.

이 시에서 놀라운 기지의 발산은 2~3행에 있다. '막상막하, 정치란게 그래 / 上 뒤집으면 下 되고, 下 뒤집으면 上 되거든'에서 '막상막하(莫上莫下)'의 上과 下의 문자를 세웠다 뒤집었다 하면서 요동치는 정치판의 불안정성을 꼬집는, 재기(才氣)가 번뜩이는 컨시트를 선보이고 있다. 여기서 다만 上·下라고 하는 양극성의 문자를 가지고 세웠다 뒤집었다 하면서 엉뚱하게 결합한 결론이 「정치란게 그래」로 귀결한다. 이렇게 諷詩調의 컨시트는 동떨어진 개념이나 이미지를 결합하는 데 그치는 것이 아니라, 서로 상반된 단순한 두 개의 문자로써 새로운 제3의 개념을 형성하게 한다. 이런 관점에서

諷詩調의 컨시트는 보다 다양하고 발전된 성격의 것이라 볼 수 있다.

> 박지성·박주영의 꼴은 오 코리아
> OECD국 중 환경평가 맨 꼴찌의 꼴은 어이쿠 코리아
> 둘 다 꼴은 꼴이다마는 뒤에 꼴은 노꼴만도 못해서
> ― 박진환의 「物神時代·191」

지금 지구촌은 환경오염으로 인해서 점차로 죽어가고 있는 실정인데 우리나라가 OECD국 중에서 환경평가 최하위라 한다. 이 시에서는 이런 실정을 풍자적으로 꼬집고 있는데, 1~2행에서는 축구의 '꼴인'과 환경평가의 '꼴찌'란 서로 유사성이 없는 언어들을 관련 지워 '오 코리아'와 '아이쿠 코리아'라는 서로 반대되는 개념의 언어로 대비시켰고, 3행에서는 꼴찌의 '꼴'을 '노꼴'이라는 상충·상반되는 개념과 연관시킴으로써 '둘다 꼴은 꼴이다마는 뒷엣 꼴은 노꼴만도 못해서'라는 순발력 있는 기지(wit)를 보여준다. 동시에 더 나가서는 축구의 '꼴'과 환경평가 꼴찌라는 '꼴'의 두 글자들을 교모하게 결합한 諷詩調의 컨시트의 진수를 보여주고 있다.

### 3. 諷詩調의 양극화 기법

또 한 가지 諷詩調에서 가장 두드러지게 나타나는 특징 중의 하나가 양극화 현상이다. 그러기 때문에 諷詩調의 컨시트

는 동떨어지고 상반된 가장 먼 거리의 양극성을 폭력적으로 결합하는 과정이나 패러독스와 아이러니의 양면성에서 오는 강한 텐션이 諷詩調로 하여금 그만큼 응축된 의미의 비유가 되게 한다.

> 걸핏하면 여·야 율사들 발목잡느니, 발목잡히느니 해쌌는디
> 뿌리치고 혼자만 가려고 하니 그러지, 동행해봐, 왜 발목잡나
> 잡혀 부러지면 목발신세 못면해, 발목 거꾸로 해봐 목발이지
> ― 박진환의「발목 거꾸로 하면 목발이지」의 전문

 분쟁과 불화의 결과가 발목이 목발로 바뀌는 기발한 발상, 곧 생명체를 비생명체로 둔갑시키는 대담한 컨시트의 수사법이 놀라움을 준다. 그 외에도 여·야 율사들, 발목잡느니 발목잡히느니, 발목과 목발 등의 양극화가 이 諷詩調 전면에서 팽팽한 긴장을 조성시켜주고 있다, 거기다가 본래 여·야가 대치하는 정치구도, 그것만으로도 양극의 역학관계를 유지하는 긴장상태인데 여기에 분쟁과 충돌이 생기면 발목이 목발이 되는 더욱더 팽팽한 긴장관계를 촉발한다. 그래서 이 諷詩調는 웃기면서도 여·야가 정치적 협력관계를 잘 유지해야만 나라가 산다는 통징적인 메시지도 담고 있는 시이다.

> 악법·약법, 청문회, FTA로 여·야 붙어도 한판 크게 붙겠다
> 탓하지 말 것이 싸워야 국회답지 잠잠하면 그게 더 두려워
> 마찬가지야, 아이들도 싸움질하면서 크지 않던가

— 박진환의 「아이들도 싸우면서 커」

 이 諷詩調는 빈번히 일어나는 국회의원들의 성숙하지 못한 의결과정에서의 난투극을 한 마디로 꼬집은 시이다. 아이들이 싸우면서 커가듯이 국회의원들도 싸우면서 커가야만 하는가 하는 시인의 통탄이 곁들어있는 시이다. 가장 성숙해야 할 국회의원들과 가장 성숙하지 못한 나이인 어린이들의 양극현상을 동류부류로 간주하여 이질성 속의 유사성을 찾는 시인의 기지가 번쩍인다. 여기에는 양극간의 이질성이 유사성으로 바뀌는 과정에서 서로 잡아당기는 강력한 텐션도 드러나 있다. 「싸워야 국회답지」에서는 국회가 싸움판이 되어서야 되겠는가 하는 아이러니의 성격을 띤 레토릭도 있고 국회가 변화되기를 촉구하고 갈망하는 통징도 들어있다.

### 4. 諷詩調의 구조와 그 전환속도

 형이상시에서와 마찬가지로 諷詩調에서도 생략된 구문을 씀으로써 의미의 탄력과 밀도를 더하게 하고, 또한 집약적 표현으로써 시의 단축을 꾀하는 기법을 강조한다. 그 결과 시 전개과정에서 그 전환 속도가 빨라지기 마련이다. 그래서 시의 구조가 3행시로 되어 있고 따라서 행의 길이가 짧으면 짧을수록 생략적 효과가 살아나서 함축성이 있는 시가 된다.

 諷詩調는 평시조(平時調)와 같은 초장 중장 종장의 3행 형식의 구조이면서도 3장 6구 12음보의 정형시에 매이지 않은 자유시요, 동시에 평시조보다 더 빠르고 생동감이 있는 기승전결(起承轉結)의 전개가 있다. 따라서 諷詩調의 함축성과 텐션을 살리기 위해서는 될 수 있는 대로 행의 자수(字數)를 줄이고 생략하는 것이 좋다.

>           침묵이 金이라고? 순 구식
>           요즘 세상에선 말 잘해야 출세해
>           신식으론 침묵은 禁이야
>           — 박진환의 「침묵은 禁이야」

　1행의 金이 3행에서는 禁으로 바뀐다. 1행에서 침묵은 金이란 말은 구식이요, 3행에서는 침묵이 禁이란 말로 바뀐 것이 신식이라는 것이다. '요즘 세상에선 말 잘해야 출세해'라는 새로운 진리(?)를 발견하고 시대와 더불어 급속히 변하는 처세술의 격세지감을 실토한 시라 하겠다. 또 이 시 속에는 침묵이 금(金)이었던 옛 시대가 참이요 말을 잘해야 출세한다는 현 시대가 잘못된 것이라는 시사성(示唆性)이 들어 있다. 諷詩調가 그 짧은 시로써 현시대의 많은 모순과 부조리를 다 압축하여 표현할 수 있는 것은 오로지 3행시 속에 짧은 행으로 모든 것을 소화시킬 수 있는 수용성(受容性)과 빠른 전환기능을 지탱할 수 있는 메커니즘에서 온 것이다.

>                                   銅臭에 코피터진 놈이

>    銅醉로 게워내는 주정
>    뭘 처다봐,  너나 나나 다를 것이 없는데
>    ― 박진환의 「物神時代・68」

 이 시는 銅臭와 銅醉를 병치하고 3행에서 '뭘 처다봐, 너나 나나 다를 것이 없는데'로 동류화((同類(化))시킨 해학적인 기법이 눈을 끈다. 銅臭란 말의 뜻은 돈으로 출세를 하려고 하거나 모든 것을 해결해 보려고 하는 물신주의자들을 낮잡아 하는 말인데 오늘날은 술로써 출세를 하려고 하거나 모든 문제를 해결하려고 하는 銅醉도 많다는 것이다. 銅臭와 銅醉의 내용이 담고 있는 절묘한 조화가 압축되어 이 짧은 諷詩調 한 편을 창구로 하여 오늘의 모든 시대상을 한 눈으로 볼 수 있다.

 그러나 풍조시에서 행의 자수를 줄이고 표현의 생략적인 효과를 극대화하려는 경제적인 언어구사는 아무나 할 수 있는 것이 아니다. 허다한 諷詩調에서 발견할 수 있는 것은 행이 짧으면 그 표현과 의미성도 부실한 경우가 많다는 것이다. 따라서 諷詩調는 자수(字數)를 최소화하면서도 그 함축성을 최대화할 수 있는 기법이야말로 바로 諷詩調의 완성도를 높이는 첩경임을 알게 된다.

### 맺는 말

 이상과 같이 諷詩調에서 보이는 수사법상의 기법이 형이상시의 그것과 유사한 점이 많다는 것을 알 수 있다. 그러나 그 구조적인 측면에서 볼 때 형이상시보다는 시가 짧고 컨시트도 형이상시보다는 언어유희의 측면에서 독특하고 문자유희의 면에서도 독보적인 경지를 보이고 있는 시라는 것이다. 諷詩調의 대부분이 명확한 양극화 구조로 되어 있고 상반되고 동떨어진 개념이나 사물을 결합하여 부조화의 조화를 이루고 있다. 또한 3행시의 짧은 시로서 생략적이고 압축적인 기법을 통해서 고도의 밀도감을 조성하기 위해 언어와 언어, 행과 행을 교합하여 전개되는 전환속도가 유달리 빠른 것도 그 특징 중의 하나라 하겠다. 이런 시의 특징 때문에 앞으로 諷詩調가 우리나라 문학의 한 장르를 이루고 발전하여 보다 큰 문학성을 발휘하는 날을 기대하여 마지않는다.

조선문학사시인선 945

諷詩調詩集 · 451

## 통치통초초 · 7

2024년 10월 20일 인쇄
2024년 10월 30일 발행

지은이 / 박진환
발행인 / 박진환
펴낸곳 / 조선문학사
등록번호 / 1-2733
주소 / 03730 서울 서대문구 통일로 389(홍제동)
전화 / 02-730-2255
팩스 / 02-723-9373
E-mail / chosunmh2@daum.net

ISBN 979-11-6354-317-6

정가 10,000원

※ 인지는 저자와 합의 하에 생략
※ 잘못된 책은 서점에서 교환해 드립니다.